Nuestros sentidos

EL OÍDO

Kay Woodward

GARETH**STEVENS**
PUBLISHING
A World Almanac Education Group Company

Please visit our web site at: www.garethstevens.com
For a free color catalog describing Gareth Stevens Publishing's
list of high-quality books and multimedia programs, call
1-800-542-2595 (USA) or 1-800-387-3178 (Canada).
Gareth Stevens Publishing's fax: (414) 332-3567.

Library of Congress Cataloging-in-Publication Data

Woodward, Kay.
    [Hearing. Spanish]
    El oído / Kay Woodward.
        p. cm — (Nuestros sentidos)
    Includes index.
    ISBN 0-8368-4414-9 (lib. bdg.)
    1. Hearing—Juvenile literature.   I. Title.
    QP462.2.W6618   2005
    612.8'5—dc22   2004056496

This North American edition first published in 2005 by
Gareth Stevens Publishing
A World Almanac Education Group Company
330 West Olive Street, Suite 100
Milwaukee, Wisconsin 53212 USA

This U.S. edition copyright © 2005 by Gareth Stevens, Inc.
Original edition copyright © 2005 by Hodder Wayland.
First published in 2005 as *Hearing* by Hodder Wayland, an
imprint of Hodder Children's Books, a division of Hodder
Headline Limited, 338 Euston Road, London NW1 3BH, U.K.

Commissioning Editor: Victoria Brooker
Book Editor: Katie Sergeant
Consultant: Carol Ballard
Picture Research: Katie Sergeant
Book Designer: Jane Hawkins
Cover: Hodder Children's Books

Gareth Stevens Editor: Barbara Kiely Miller
Gareth Stevens Designer: Kami Koenig
Gareth Stevens Translators: Tatiana Acosta and
                            Guillermo Gutiérrez

Picture Credits
Alamy/David Hoffman Photo Library: 4 (David Hoffman),
14 (Harald Theissen); Corbis: title page, 6 (Norbert Schaefer),
imprint page, 18 (Royalty-Free), 9 (Eye Ubiquitous/Robert
and Linda Mostyn), 10 (Jay Dickman), 11, 15 (Richard Hutchings),
16 (Nathan Benn), 17 (Richard T. Nowitz), 19 (Joe McDonald),
21 (Ecoscene/Robin Williams); Getty Images: 5 (Taxi/Alan Powdrill),
8 Taxi/Mel Yates), 22 (left) (Photodisc Blue/Royalty-free),
23 (Stone/Peter Cade); OSF: 20 (M. Wendler/Okapia);
Wayland Picture Library: 22 (right); zefa: cover (Graham French),
12 (Virgo), 13 (A.B./S. Borges). Artwork on page 7 is by Peter Bull.

Información sobre la autora

Kay Woodward es una experimentada autora de libros
infantiles que ha escrito más de veinte obras de ficción
y no ficción.

Información sobre la consultora

Carol Ballard es una coordinadora de escuela elemental
especializada en ciencias. Ha escrito muchos libros
infantiles y asesora a varias editoriales.

CONTENIDO

Las palabras en **negrita** aparecen en el glosario.

¡SONIDOS POR TODAS PARTES!

El mundo está lleno de toda clase de sonidos. Hay ruidos fuertes y murmullos suaves. Hay chirridos agudos y gruñidos graves.

Un patio de juegos con niños es un lugar ruidoso.

Los sonidos entran por los oídos.

Nuestro **sentido** del **oído** nos permite **escuchar** los asombrosos sonidos que nos rodean. Usamos nuestros oídos para oír.

CÓMO FUNCIONAN TUS OÍDOS

El sonido viaja a través del aire hasta tus oídos.
Desde tus oídos, se envía información sobre el sonido
a tu cerebro. Esta información ayuda a tu cerebro a
saber qué es lo que oyes. Así es como oímos.

Tápate los oídos con las manos.
¿Qué puedes oír?

Así es un oído por dentro.

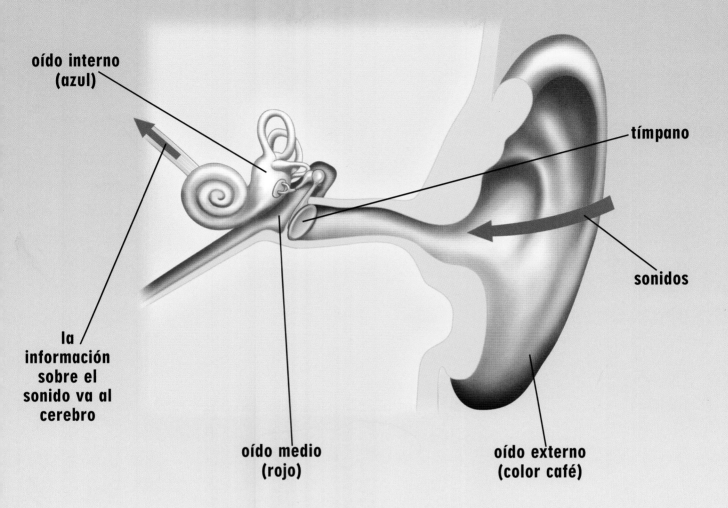

oído interno
(azul)

tímpano

sonidos

la información sobre el sonido va al cerebro

oído medio
(rojo)

oído externo
(color café)

El oído tiene tres partes. El **oído externo** es la parte que puedes ver. Está separado del **oído medio** por el tímpano. El oído medio y el **oído interno** están dentro de tu cabeza. Todas las partes del oído están conectadas.

FUERTE Y SUAVE

Los sonidos se producen cuando algo se mueve. Los movimientos pequeños producen sonidos suaves o bajos. Si tocas la batería ligeramente, hará un sonido suave. Pero si la golpeas, hará un sonido fuerte.

Los sonidos muy fuertes pueden dañar los oídos. Las personas que trabajan en sitios ruidosos deben protegerse. Se ponen **orejeras** para evitar que entre demasiado ruido y les dañe los oídos.

AGUDO Y GRAVE

Algunos sonidos son agudos, otros son graves. Cuando la gente grita, produce un sonido agudo. Cuando la gente ronca, produce un sonido grave.

Los cantantes usan sus voces para producir muchos sonidos. Cuando cantan, pueden producir sonidos muy agudos o muy graves. ¿Cuántos sonidos diferentes puedes producir con la voz?

SONIDOS MUSICALES

Los instrumentos musicales pueden producir muchos sonidos. Distintos instrumentos se tocan de diferentes maneras. Para tocar una flauta, la soplas. Puedes cambiar los sonidos de la flauta tapando los huecos con los dedos.

Para tocar una guitarra, punteas o rasgueas sus cuerdas. Cuando tocas las teclas de un piano, los macillos que están dentro del piano golpean cuerdas para producir los distintos sonidos.

OÍR CON CLARIDAD

Algunas personas no pueden oír bien. Oyen todos los sonidos amortiguados y muy bajos. Las personas que no pueden oír bien pueden haber tenido una enfermedad o una lesión que les dañó los oídos. A medida que se hace mayor, la gente suele perder parte de su audición.

Los **audífonos** aumentan el volumen de los sonidos. Se colocan dentro de los oídos o encima de ellos y ayudan a las personas a oír el mundo que los rodea con mayor claridad.

Los audífonos pueden ser muy pequeños.
A veces, la gente no los nota.

LA SORDERA

Las personas sordas no pueden oír. Algunas personas nacen sordas. Otras se quedan sordas a causa de una lesión o de una enfermedad. Algunos pierden la audición sólo en un oído.

Muchas personas sordas usan las manos en lugar de la voz para comunicarse. Hacen signos y señales que representan letras y palabras. A estos movimientos con las manos se les llama lenguaje por señas. Algunos sordos pueden saber lo que otros dicen observando los movimientos de los labios.

LOS ANIMALES Y EL OÍDO

Muchos animales tienen muy buen oído. A diferencia de las personas, pueden mover las orejas para oír aún más sonidos.

Los conejos pueden oír sonidos muy bajos con sus largas orejas.

Los murciélagos usan el oído para saber si se acerca un insecto.

Los murciélagos emiten sonidos agudos, y después escuchan el **eco** que se produce. El eco ayuda a los murciélagos a ubicar los objetos que hay a su alrededor.

LOS INSECTOS
Y EL OÍDO

Algunos insectos no tienen oídos a los lados de la cabeza. Estos insectos oyen los sonidos con otras partes de su cuerpo.

El chapulín de antenas cortas percibe
los sonidos con los lados del cuerpo.

Muchos insectos oyen los sonidos con sus patas.
Los grillos oyen con las patas delanteras. Las arañas,
que están emparentadas con los insectos, perciben
con los pelos de sus patas los movimientos que
producen los sonidos.

Esta mosca percibe los sonidos con sus patas.

¿ADIVINAS EL SONIDO?

Nuestros cinco sentidos—oído, vista, olfato, gusto y tacto—nos dan información del mundo que nos rodea. ¿Qué pasa cuando perdemos uno de los sentidos?

1. Tápate los ojos. Ahora, trata de reconocer diferentes sonidos usando sólo tu sentido del oído. ¿Puedes distinguir los instrumentos musicales por el sonido que producen? ¿Puedes reconocer las voces de distintas personas?

2. Hace unos mil años, se jugó por primera vez una versión del juego de la "Gallinita ciega". Para jugarlo, tápate los ojos con un pañuelo y dile a tus amigos que se paren en distintos puntos de la habitación. Cuando alguien te llame, señala hacia la dirección de donde proviene la voz. Ahora quítate el pañuelo. ¿Acertaste?

GLOSARIO

audífonos: pequeños aparatos electrónicos que se colocan dentro de los oídos o encima de ellos y que ayudan a las personas a oír mejor. Los audífonos hacen los sonidos más fuertes y claros.

eco: sonido que es la repetición que se produce cuando un sonido anterior rebota en algo sólido

escuchar: prestar atención a los sonidos

oído: facultad de oír e identificar sonidos

oído externo: parte del oído que está fuera de la cabeza y que recibe el sonido

oído interno: parte del oído que envía señales al cerebro. El oído interno es la parte más interior del oído.

oído medio: parte del oído que está dentro de la cabeza, detrás del tímpano

orejeras: almohadillas gruesas que se ponen sobre las orejas, y que ayudan a evitar que los ruidos fuertes dañen el oído de una persona

sentido: facultad natural para recibir e identificar información mediante uno o más de los órganos receptores del cuerpo, como los oídos, los ojos, la nariz, la lengua y la piel. Los cinco sentidos son: oído, vista, olfato, gusto y tacto.

ÍNDICE